NOTICES HISTORIQUES

ET BIOGRAPHIQUES

SUR

AMBROISE PARÉ

ET

GUILL.^ME DUPUYTREN,

PAR M. C. PERDRIX,

DOCTEUR EN MÉDECINE DE LA FACULTÉ DE PARIS,

CHEVALIER DE LA LÉGION-D'HONNEUR.

A PARIS,

DE L'IMPRIMERIE DE CRAPELET,

RUE DE VAUGIRARD, N° 9.

1836.

NOTICES

SUR

AMBROISE PARÉ

ET

GUILL^{ME} DUPUYTREN.

NOTICES HISTORIQUES

ET BIOGRAPHIQUES

SUR

AMBROISE PARÉ

ET

GUILL^{ME} DUPUYTREN,

PAR M. C. PERDRIX,

DOCTEUR EN MÉDECINE DE LA FACULTÉ DE PARIS,
CHEVALIER DE LA LÉGION-D'HONNEUR.

A PARIS,

DE L'IMPRIMERIE DE CRAPELET,

RUE DE VAUGIRARD, N° 9.

1836.

A

MONSIEUR LE COMTE

DE GERMINY,

ANCIEN ADMINISTRATEUR DES HÔPITAUX,
ANCIEN DÉPUTÉ, ANCIEN PRÉFET,
MAÎTRE DES REQUÊTES AU CONSEIL D'ÉTAT, PAIR DE FRANCE,
OFFICIER DE L'ORDRE ROYAL DE LA LÉGION-D'HONNEUR.

Mæcenas, atavis edite regibus,
O et præsidium, et dulce decus meum !
HOR., Od. I.

MONSIEUR LE COMTE,

Il y a du bonheur à retrouver dans son
souvenir ces vers d'Horace, alors qu'on
éprouve le besoin d'en faire une heureuse

application. De nos jours, où les carac-
tères ont une empreinte d'austérité et de
raideur, il n'y a plus de courtisans, et les
sentimens du cœur s'expriment avec cette
vérité qui repousse toute idée de flat-
terie.

C'est à l'homme aussi juste qu'éclairé,
qui sait distinguer et honorer les profes-
sions utiles, c'est à celui qui fait le bien
avec discernement et modestie, qu'il appartient surtout de comprendre la vie des
bienfaiteurs de l'humanité. En consacrant
ces pages dépouillées de toute prétention
littéraire, à deux illustres savans, dont
l'un fut notre compatriote, et l'autre notre
maître, c'est leur donner un témoignage
public de notre admiration, et, il faut

l'avouer, c'est aussi se trouver heureux que de pouvoir associer à ces noms célèbres le nom d'un homme si digne de les apprécier.

C. Perdrix.

CONSIDÉRATIONS GÉNÉRALES.

Le premier d'entre tous est celui qui rend
le plus de services à l'humanité !

DANS quelque position que l'homme soit placé, enfant, jeune ou vieillard, riche ou pauvre, vertueux et libre, criminel et dans les fers, malheureux et souffrant, partout et toujours, à moins de quelque aberration de l'esprit, il est dominé par un besoin impérieux, et soumis à cet instinct irrésistible qui le porte à la conservation de

1

son être. Des causes aussi nombreuses que variées viennent souvent jeter le trouble dans son admirable structure, et sa fragilité le met à chaque instant en danger ; de là le besoin incessant d'implorer des secours, d'appeler à son aide celui qui peut le soulager, adoucir ou faire taire ses douleurs.

Le plus noble sentiment que la nature ait mis dans le cœur de l'homme est cette bienveillance sympathique qui le fait compatir aux maux de ses semblables, et lui inspire le désir d'y porter remède. Celui qui le premier vit souffrir, dut comprendre la douleur, la partager, et chercher les moyens de la calmer. C'est en dire assez pour donner une idée juste et grande de l'origine de la médecine.

Il faut être véritablement ami des hommes pour être médecin ; il faut être mé-

decin pour comprendre et sentir cette vérité. Si c'est une belle et noble tâche que
celle de se consacrer au soulagement de
ceux qui souffrent, c'est aussi une rude et
cruelle épreuve que celle d'exercer le droit
de vie et de mort sur ses semblables. La
pensée seule du bien soutient, encourage,
console le médecin; et lorsque son génie
bienfaisant a répandu sa douce et heureuse influence sur les générations qui lui
succèdent, sa place est marquée parmi les
hommes éminemment utiles, parmi les
bienfaiteurs de l'humanité.

Ce serait une immense tâche que de
rappeler ici toutes ces illustrations scientifiques, nationales et étrangères, tous ces
hommes qui, depuis des siècles, ont rendu
de si importans services à l'humanité et à
la science, les uns par leurs travaux et
leurs découvertes, les autres par des dons

et des fondations, tous enfin par le génie de leur bienfaisance, ou par la bienfaisance de leur génie.

Depuis celui qui comparait le médecin à un Dieu, sans s'apercevoir qu'il le retraçait en lui-même, Hippocrate, un des plus grands philosophes de la Grèce, le premier et le plus habile des législateurs, dont la doctrine, adoptée de toutes les nations, ont dit Bossuet et Barthélemy, opérera encore des milliers de guérisons après des milliers d'années; depuis le père de la médecine, chaque époque, chaque siècle, chaque pays a eu ses hommes remarquables, ses hommes de bien. Pour ne parler ici que de ceux qui se présentent à notre souvenir, quoiqu'en franchissant des distances immenses, nous citerons Vésale, Fothergill, Jenner.

Vésale, créateur de l'anatomie humaine

chez les modernes, génie hardi et sage qui cherche à briser le joug de l'ignorance et de la superstition, et périt victime du fanatisme, « Vésale n'avait pas encore vingt-huit ans, et il avait découvert un nouveau monde, » s'écriait Senac : ce nouveau monde, c'était l'homme lui-même !

Le docteur Fothergill, modèle de bienfaisance publique et privée, qui dépensa cinq millions de francs pour le soulagement des malheureux ! ce médecin que Franklin proclamait l'homme le plus estimable de l'univers ! « Je doute, disait-il, qu'il ait existé un homme plus digne de l'estime et de la vénération universelles ! »

Jenner, le propagateur de la vaccine, dont le nom passera à la postérité comme son immense bienfait ! Jenner, qui n'a cherché qu'à être utile, et qui a contribué à arracher à la mort des milliers de nos semblables !

Si la Belgique et l'Angleterre s'honorent d'avoir possédé les hommes remarquables que nous venons de nommer, la France aussi peut citer avec orgueil ses hommes utiles, nobles et bienfaisans génies, qui à toutes les époques l'ont illustrée.

A trois siècles de distance, deux hommes, célèbres dans la même carrière, ont honoré leur pays; tous deux ont été les premiers et les plus illustres des chirurgiens français de leur époque : l'un au XVIe siècle, Ambroise Paré; l'autre au XIXe, Guillaume Dupuytren. Déjà des plumes éloquentes ont retracé la vie de celui qui naguère encore tenait le sceptre de la chirurgie; après elles, que nous reste-t-il à faire? si ce n'est de redire encore ce que chacun a entendu, ce que chacun sait,

comme pour satisfaire à ce besoin du cœur
qui veut payer à la mémoire du grand chirurgien, à l'homme de génie et de bien,
un trop faible mais un bien juste tribut
d'admiration et de regrets ! Cherchons
d'abord à faire connaître et à rappeler le
chirurgien du xvie siècle, et parlons de sa
vie, de ses services, de ses travaux, de ses
immenses découvertes.

AMBROISE PARÉ.

« C'est un malheur, » a dit M. le docteur Lebaudy, « que la vie de Paré ne soit pas plus « minutieusement connue et présente à l'esprit « de tous; car je ne sais aucun maître qu'un « jeune chirurgien finît par autant aimer et « révérer que lui; en lui, plus qu'en tout au- « tre, il trouvera ce qui anime, ce qui inspire, « ce qui mène au succès, ce qui console d'un « revers. »

Dans un petit hameau nommé le Bourg-Hersent, près de Laval, ville de l'ancienne

province du Maine, naquit au commence-
ment du xvie siècle, de parens honnêtes,
un enfant qui devait être un jour l'honneur
et la gloire de son pays, et dont le nom devait passer à la postérité : cet enfant, c'était
AMBROISE PARÉ! L'on ne sait rien de précis
sur la profession et la fortune de son père;
on a dit qu'il était pauvre, et cependant il a
pu donner de l'éducation à ses fils et contri-
buer à en faire des hommes utiles. L'un s'est
immortalisé, l'autre a été un chirurgien distingué à son époque, quoiqu'il n'ait exercé
sa profession que dans une petite ville de
Bretagne, Vitré, à sept lieues de Laval.

Dès ses plus jeunes années, Ambroise Paré
manifestait un vif désir d'apprendre et de
savoir. Naturellement grave et réfléchi, il
parcourait avec avidité quelques livres que pos-
sédait son père, qui lui avait appris lui-même
à lire et à écrire. On raconte que des enfans
de son âge jouant un jour auprès de lui, un
d'eux fit une chute, eut la peau du front cou-

pée dans une assez grande étendue et perdit connaissance; ses petits compagnons, effrayés à la vue du sang et de l'immobilité de cet enfant, prirent la fuite; le jeune Paré, étranger à leurs jeux, s'approcha du blessé, lava la plaie, et après.l'avoir fortement bandée, le chargea sur ses épaules et le transporta chez ses parens. Son père, encouragé par les avis de ceux qui lui. faisaient remarquer lés heureuses dispositions de son fils, le plaça chez un prêtre nommé Orsey pour y apprendre le latin; mais Paré ne pouvait s'y livrer à l'étude autant qu'il le voulait; car son maître, ne soupçonnant pas sa destinée et méconnaissant sa précoce intelligence, l'occupait d'une manière toute contraire à ses goûts. « Il « le faisait sarcler au jardin, panser la mule et « ramasser du bois. » Cependant Paré, poussé par un irrésistible désir d'apprendre, avait acquis quelques connaissances. Un chirurgien de Laval, nomme Vialot, visitait souvent le chapelain Orsey; il vit Paré, l'observa et le prit chez lui, où il fut placé, ainsi qu'il le dit lui-même, comme apprenti. Là, son zèle et son activité pour l'étude redoublèrent : il assista son premier maître auprès des malades, pansa les plaies et fit quelques saignées. Quelque temps après, un chirurgien, célèbre pour avoir en 1474 osé remettre en usage l'opération de la taille, qu'il pratiqua avec succès sur un franc-archer condamné à mort par Louis XI, et dont il obtint la grâce, le lithotomiste Laurent Colot, pratiqua à Laval cette opération sur un confrère du prêtre Orsey. Le jeune Paré y assista, et fut saisi d'une telle admiration, qu'il voulut devenir chirurgien ; et se sentant ainsi appelé à une profession qu'il devait tant honorer un jour, il n'hésita pas et se rendit aussitôt à Paris.

Le collége des Chirurgiens, fondé en 1260 par J. Pitard, chirurgien de Louis IX, qu'il avait accompagné dans ses voyages à la Terre-Sainte, n'avait pas perdu tout l'éclat qu'avaient contribué à lui donner Lanfranc, de Milan,

agrégé à ce collége, Guy de Chauliac, chapelain, chambellan et médecin du pape Urbain V.
Paré travailla avec une ardeur peu commune,
et entra à l'Hôtel-Dieu, où il passa trois années. C'est là qu'il eut, comme il le dit, « le
« moyen de voir et d'apprendre beaucoup
« d'œuvres de chirurgie sur une infinité de
« malades, ensemble l'anatomie sur une grande
« quantité de corps morts. » Bientôt il se fit
remarquer; et un homme qui professait alors
avec éclat au Collége royal de France, Goupil,
le distingua et voulut lui être utile. Déjà Paré
pratiquait quelques opérations; Goupil lui
fournit l'occasion d'en augmenter le nombre.
Les armées françaises étaient en Italie; Paré
manifesta vivement le désir de s'y rendre, et
son protecteur contribua encore à le faire attacher au colonel général des gens de pied, le
sieur de Monté-Jean, qui l'emmena en Italie,
où il rendit de grands services et mérita l'estime générale. C'était en 1536; et, quoique
fort jeune, il jouissait déjà d'une grande con-

sidération. On a dit que sa seule présence dans une ville assiégée suffisait pour ranimer l'espoir des combattans. Partout où il se trouva il montra la plus grande passion pour l'étude. Pendant son séjour à Turin, il s'attacha surtout à observer, et il acquit beaucoup d'expérience. Quand on lit la relation de ses voyages, on est frappé du grand nombre de succès qu'il obtint en Italie.

Après la prise de Turin et la mort de son protecteur, le sieur de Monté-Jean, il revint en France. A son retour il prit ses grades au collége des Chirurgiens, à Paris, et devint prévôt de cette compagnie, corps distingué, étranger à la corporation des barbiers, et dont tous les membres avaient le titre de chirurgiens lettrés. Ambroise Paré reçut souvent l'ordre de se rendre dans les pays étrangers, dans les villes assiégées, sur les champs de bataille; et lui-même, dans la description de ses voyages, que plusieurs historiens ont consultée, nous fait connaître les services qu'il fut heu-

reux de rendre, les découvertes et les opérations qu'il fit, et le nom des principaux personnages qui lui durent la vie. C'est ainsi qu'il
accompagna les comtes de Rohan et de Laval,
envoyés en Bretagne pour repousser les An-
glais; qu'il alla au siége de Perpignan, où il
sauva la vie au grand-maître de l'artillerie,
M. de Brissac; qu'il suivit l'armée à Landre-
cies, et que plus tard, au siége de Boulogne,
il fit une cure presque miraculeuse : Un combattant avait reçu un coup de lance; le fer
avait pénétré entre l'œil et le nez, s'était brisé
et faisait saillie derrière l'oreille; au grand
étonnement des chirurgiens, Paré l'arracha
avec des tenailles de maréchal, pansa et guérit
la blessure. Ce combattant, c'était François de
Lorraine, duc de Guise.

En 1551, Henri II le nomma son premier
chirurgien. Peu de temps après, l'empereur
Charles-Quint, à la tête d'une armée de cent
mille hommes, attaqua la ville de Metz,
défendue par une faible garnison. Plusieurs

princes et une partie de la noblesse de France
se trouvaient au nombre des assiégés ; presque
toutes les blessures étaient mortelles : la con-
sternation se répandit, et le courage aban-
donnait les soldats. Il fallut supplier le Roi
d'envoyer Paré. Les obstacles et les dangers ne
l'arrêtèrent pas ; il arriva au milieu d'eux et
leur apparut comme un génie bienfaisant.
« Le lendemain de ma venue, dit-il, je ne fail-
« lis d'aller à la brèche, où je trouvai tous les
« princes et seigneurs ; et me reçurent avec
« une grande joie, me faisant cet honneur
« que de m'embrasser et de me porter dans
« leurs bras, adjoustant qu'ils n'avoient plus
« peur de mourir, s'il advenoit qu'ils fussent
« blessés. »

En 1553, le Roi envoya Paré à Hesdin.
Après une admirable défense, la ville fut prise ;
Paré y fut prisonnier, et sa conduite à cette
occasion suffit pour l'immortaliser. Tour à
tour barbares et cupides, les Espagnols massa-
craient impitoyablement les pauvres soldats,

et exigeaient du roi de France de fortes ran-
çons pour les prisonniers de distinction. Ambroise Paré se déguise en soldat; mais bientôt
la vie d'un prisonnier est en danger; il n'hé-
site pas, il le soigne et se découvre. Le chirurgien de l'empereur veut l'attacher à lui, il
rejette ses offres; il insiste, même refus. « En-
« fin je lui dis tout à plat que je ne voulois
« point. » Le duc de Savoie, ce farouche général, le fait venir devant lui; il cherche à le
gagner par d'éblouissantes promesses. Inflexi-
ble dans les fers, il répond avec fermeté qu'il
a délibéré de ne demeurer avec nul étranger.
« Ceste mienne response, entendue par le duc
« de Savoie, il se choléra aucunement, et dit
« qu'il me falloit envoyer aux galères. » Mais
un officier allemand au service du duc de Savoie, le seigneur de Vaudeuille, gravement
blessé à la jambe et abandonné de ses chirurgiens, réclame les soins de Paré; s'il le guérit,
il lui promet sa liberté, sinon il le fera pendre;
et Paré le guérit, et Vaudeuille le renvoie en

France, sous bonne escorte. Que de patrio-
tisme, que d'héroïsme, que d'humanité !... Il
sauve une forte rançon à l'état, il expose ses
jours pour conserver ceux des Français malades ; il refuse les honneurs, la fortune ; il est
outragé, menacé ; il s'en venge en rendant la
vie à son ennemi.

Ambroise Paré, à son arrivée à Paris, reçut
les témoignages de la plus vive reconnaissance.
Il y passa plusieurs années, pendant lesquelles
« il ne se trouva cure, tant grande et difficile
« fût-elle, où sa main et son conseil n'eussent
« été requis. » Mais les guerres continuelles ne
permettaient pas que ce grand chirurgien res-
tât long-temps sur le même théâtre. En 1557,
les Français blessés à la bataille de Saint-
Quentin réclamaient ses secours ; il s'y rendit
et eut la douleur de ne pouvoir arriver jusqu'au connétable de Montmorency, prisonnier
du duc de Savoie, qui gardait un profond res-
sentiment contre Ambroise Paré. Pendant dix
années il porta les lumières et les bienfaits de

son art partout où il y avait des Français à
arracher à la mort. Au siége de Rouen, le roi
de Navarre, Antoine de Bourbon, blessé d'un
coup de feu à l'épaule dans la tranchée, voyant
l'incertitude dans l'esprit de ses médecins et de
ses chirurgiens, demanda Paré; il annonce une
issue funeste, déclare aux médecins, qui ne
partagent pas son avis, que la blessure est mor-
telle; le Roi veut se faire transporter à Paris,
par bateau, et meurt à Andely. A la bataille de
Dreux, le nombre des blessés était considéra-
ble, et presque toutes les blessures graves; il
parvint par ses soins admirables à sauver beaucoup de monde. A la bataille de Saint-Denis,
malgré les soins les plus éclairés et les plus
touchans, il ne put sauver les jours du connétable de Montmorency blessé mortellement.
Deux ans après, à la bataille de Moncontour,
il prodigua ses soins aux guerriers atteints de
blessures dangereuses et les arracha à la mort;
M. de Bassompierre et plusieurs officiers lui
durent la vie dans cette occasion.

Le nom d'Ambroise Paré retentit partout.
Les étrangers réclamèrent souvent ses conseils
et ses soins, et plus d'une fois les princes et
seigneurs des pays en guerre avec la France,
supplièrent le Roi de leur envoyer son chirurgien. Ne connaissant point d'ennemis, il se
montrait toujours généreux et humain, et semblait heureux des services qu'il rendait. Il avait
sur son art des idées si élevées, qu'il disait que
« l'opération médicale appelée chyrurgie, les
« œuvres de main qui guarissent les hommes, »
lui paraissaient une occupation si belle, que les
dieux devaient l'avoir enseignée ou pratiquée
eux-mêmes!... Quand on lit les OEuvres d'Ambroise Paré on y retrouve à chaque page des
traits de la plus touchante humanité. Quels
soins aux malheureux ! quelle sollicitude pour
ces pauvres blessés ! Abandonnés, glacés et
voués à une mort inévitable, Paré les recueille,
les réchauffe dans son sein, les guérit et jouit
de leur reconnaissance !

Avant Paré, les médecins, alors tout puissans

et jaloux, avaient long-temps fait peser un joug de fer sur la chirurgie; cette branche de l'art de guérir avait eu à lutter contre leur despotisme; mais pendant cette lutte, tantôt épuisée, tantôt vaincue, elle avait toujours su se relever. Enfin. apparut ce génie qui devait la faire briller d'un nouvel éclat. Paré renversa les erreurs, les préjugés, secoua le joug de la superstition. A son exemple, et comme entraînés par l'impulsion qu'il donnait, les chirurgiens de tous les pays se livrèrent à de nouveaux travaux, inventèrent des opérations et perfectionnèrent celles qui étaient connues. L'Allemagne, l'Espagne, l'Italie, admirèrent et voulurent imiter le chirurgien français.

L'humanité souffrante fut redevable à ce chirurgien des plus heureuses améliorations. Au XVe siècle, la plupart des opérations étaient plus dignes d'un barbare que d'un chirurgien, et les malades aimaient mieux mourir que de s'y soumettre. Paré simplifia le pansement des plaies, bannit de leur traitement

les emplâtres, les onguens, les huiles bouil-
lantes; détruisit les erreurs relatives aux plaies
d'armes à feu, que l'on croyait générale-
ment empoisonnées ou accompagnées de brû-
lure, et que l'on pansait d'une manière ab-
surde et cruelle avec des huiles de sambuc,
des caustiques actifs, et d'autres applications
irritantes. Paré raconte, en parlant des blessés
qu'il soignait, comment il fut amené, pendant
son voyage en Italie, à faire ces remarques et
à opérer cette réforme : « Mon huile me man-
« qua, et fus contraint d'appliquer en son lieu
« un digestif fait de jaunes d'œufs, d'huile
« rosat, et térébenthine. La nuit je ne pus bien
« dormir à mon aise, craignant, par faute d'avoir
« cautérisé, de trouver les blessés où j'avois
« failli à mettre ladite huile morts empoison-
« nés, qui me fit lever de grand matin pour les
« visiter; où, outre mon espérance, trouvay
« ceux auxquels j'avois mis le digestif sentir
« peu de douleur, et leurs plaies sans inflam-
« mation ni douleur, ayant assez bien reposé la

« nuit ; les autres où l'on avoit appliqué ladite
« huile bouillante les trouvay fébricitans, avec
« grande douleur et tumeur aux environs de
« leurs plaies : à donc je me délibéray de ne
« jamais plus brûler ainsi cruellement les pau-
« vres blessés d'arquebusades. » Il publia, à ce
sujet, un ouvrage remarquable qui a eu plusieurs éditions (*Manière de traiter les plaies
d'arquebuses,* in-8°, Paris ; la dernière édition
est de 1564). Les chirurgiens ne connaissaient
avant lui d'autre moyen pour prévenir ou
arrêter les hémorrhagies après les amputations,
que de plonger le membre dans l'huile bouillante pour le cautériser. Paré supprima cette
pratique barbare ; il la remplaça par la ligature
des vaisseaux, qu'il appliqua souvent dans d'autres cas où l'impéritie des chirurgiens mettait
la vie des blessés dans le plus grand danger ;
s'il n'inventa pas ce procédé, il mérita du
moins la gloire de cette heureuse innovation,
et fut assez modeste pour s'en dépouiller en
faveur des anciens ; car qui croirait que l'envie

acharnée à le poursuivre lui faisait un crime
de ses découvertes ! C'est lui qui, le premier,
fit l'amputation dans l'articulation de l'épaule
et réunit par première intention, c'est-à-dire
en rapprochant exactement les chairs pour
amener une prompte cicatrisation.

La réduction des luxations était opérée d'une
manière si cruelle, qu'il nous répugne de la
rappeler ici ; Ambroise Paré la réforma, et en
cela , comme dans toutes les autres parties de
la chirurgie, il se montra homme de génie. Il
avait, sur les fractures des membres, les idées
les plus justes. Il s'est montré encore là grand
observateur ; ayant eu la jambe gauche frac-
turée, et déchirée par les os, il fit preuve d'un
courage stoïque et d'une présence d'esprit rare.
Il dirigea lui-même, par ses conseils, le chirurgien chargé de lui donner des soins : « Sur-
« tout je pryai maistre Richard Hubert ne
« m'espargner non plus que si j'eusse esté le
« plus étrange du monde en son endroit, et
« qu'en réduisant la fracture, il mist en oubly

« l'amitié qu'il me portoit. Davantage l'admo-
« nestay (ores qu'il sceust bien son art) de
« tirer fort le pied en figure droite; et que si
« la playe n'estoit suffisante, qu'il l'accreust
« avec un rasoir, pour mettre plus aisément
« les os en leur position naturelle; et qu'il
« recherchast diligemment la playe avec les
« doigts (car le sentiment du tact est plus cer-
« tain que nul autre instrument) pour oster
« les fragmens et pièces des os qui pourroient
« estre du tout séparés : même qu'il exprimast
« et feit sortir le sang qui estoit en grande
« abondance ; puis fussent mises des as-
« telles, etc. » Il inventa une foule de procédés opératoires, et ne se contenta point d'exercer son art avec distinction ; il transmit les
fruits de son expérience dans un ouvrage immortel, remarquable par les grâces naïves, la
vérité de l'expression, et par ce charme inef-
fable attaché à toutes les productions du génie.
Les OEuvres d'Ambroise Paré, conseiller et
premier chirurgien du Roi, divisées en vingt-

huit livres, in-folio, ont eu un grand nombre d'éditions, et ont été traduites en plusieurs langues étrangères. M. le professeur Richerand, qui a si bien su rendre hommage au mérite de ce célèbre chirurgien, dit que ses écrits, si remarquables par le nombre et la variété des faits, se distinguent éminemment de tous ceux de son siècle, en ce que les anciens n'y sont point l'objet d'un culte superstitieux. Affranchi du joug de leur autorité, il soumet tout au creuset de l'observation, et reconnaît l'expérience seule pour guide. Il doit tenir parmi les chirurgiens la même place qu'Hippocrate parmi les médecins, et peut-être n'en est-il aucun parmi les anciens qui soit digne de lui être comparé.

Ambroise Paré n'était pas seulement homme de génie, il était savant, et s'occupait beaucoup d'histoire naturelle. Il s'était livré à l'étude des langues étrangères; la langue italienne avait surtout du charme pour lui, et il se plaisait à la parler avec Catherine de Médi-

cis, qui appréciait Paré, et le défendit souvent
avec chaleur contre les attaques insidieuses de
ses adversaires. Chirurgien des rois Henri II,
François II, Charles IX et Henri III, Ambroise Paré mérita leur confiance et leur amitié; et quand ses ennemis voulurent faire pla-
ner sur lui des soupçons d'empoisonnement
sur la personne du Roi, la Reine, indignée,
s'écria : « Non, non, Ambroise est trop homme
« de bien et notre bon ami pour avoir eu la
« pensée de ce projet odieux. »

S'il eut des ennemis, il en fut bien dédom-
magé par l'affection de tout ce que la France
avait de plus auguste, de plus noble et de plus
brave. Un des puissans seigneurs de cette époque, Bussy d'Amboise, disait en parlant de
son ami Paré : « Si je n'étais d'Amboise, je
« voudrais être Ambroise; il n'est pas un
« homme dont je fasse plus de cas. »

Sa grande renommée lui sauva la vie dans
l'horrible nuit de la Saint-Barthélemy. Attaché à la religion protestante, il n'aurait pas

échappé au massacre, si Charles IX lui-même
n'eût pris soin de l'en garantir. Les historiens
du temps, et on peut consulter à ce sujet les
Mémoires de Sully, ont conservé le souvenir
de cette exception, si honorable pour celui
qui en fut l'objet, quoiqu'elle ne puisse dimi-
nuer l'horreur qu'inspire la mémoire de ceux
qui furent les instigateurs de cet exécrable
drame. « Il n'en voulut jamais sauver aucun, »
dit Brantôme en parlant de Charles IX, « sinon
« maistre Ambroise Paré, son premier chirur-
« gien, et le premier de la chrétienté ; et l'en-
« voya quérir et venir le soir dans sa chambre
« et garde-robe, lui commandant de n'en bou-
« ger ; et disoit qu'il n'estoit raisonnable qu'un
« qui pouvoit servir à tout un petit monde
« fust ainsi massacré. »

Quand la peste désola Paris, la famille royale
se réfugia à Lyon. Paré, fidèle à son devoir,
demeura sur le théâtre de l'épidémie ; il s'ex-
posa à tous les dangers, et sa vie fut plusieurs
fois menacée. Il publia, par ordre du Roi, un

ouvrage sur cette maladie; mais Paré était chirurgien, et les traits de l'envie l'atteignaient déjà, lorsqu'avec candeur il s'empressa de dire qu'il avait compilé les bons médecins !

Le caractère d'Ambroise Paré était celui du vrai philosophe. Dans ses actions, comme dans ses écrits, on retrouve toujours la science appliquée à l'être souffrant avec la plus touchante humanité, le génie créant et triomphant avec modestie. « Je le pansay ; Dieu le « guarit; » ainsi se termine, dans ses ouvrages, la description de ses succès. Il a mérité d'être appelé l'Hippocrate de la chirurgie. « Aux « yeux des sages, les noms des plus grands « conquérans s'abaisseront devant celui d'Hip- « pocrate, » a dit Barthélemy, l'illustre auteur du *Voyage d'Anacharsis* ; Ambroise Paré n'est-il pas digne de lui être comparé?

La ville de Laval doit s'enorgueillir d'avoir été le berceau d'un si grand homme, et rien n'y rappelle le célèbre chirurgien du seizième siècle ! Aucune rue, aucune place ne porte son

nom! point de monument, point de statue!
Bonaparte avait promis dix-huit cents francs
de pension annuelle à celui qui prouverait qu'il
était sorti d'une aussi belle origine. En 1804,
le professeur Lassus se rendit à Laval, et fit
connaître les intentions du premier Consul;
pas un descendant ne se présenta! Cependant
on dit qu'une famille y porte encore les noms
de Paré et d'Ambroise. Paré avait été marié;
mais on présume qu'il n'a pas laissé d'enfans.
Il est mort à Paris, le 20 décembre 1590, et
ses restes ont été déposés dans l'église Saint-
André-des-Arcs.

A Paris, le buste en marbre d'Ambroise
Paré, dû au ciseau du célèbre sculpteur David
(d'Angers), et portant cette inscription : « Je
« le pansay, Dieu le guarit, » décore le grand
amphithéâtre de l'École et la salle des séances
de l'Académie de Médecine; son portrait se
trouve dans le musée Dupuytren, admirable
et vaste collection de pièces d'anatomie pathologique.

Un de nos compatriotes, M. le docteur Le-
vesque Bérangerie, médecin à Laval, a écrit, il
y a quelques années, la Vie d'Ambroise Paré.

Nous avons appris que le Conseil général de
la Mayenne avait voté des fonds pour l'érection
d'une statue. Nos vœux à cet effet, exprimés
depuis bien long-temps, trouveront, nous
n'en doutons pas, de la sympathie; et un jour
viendra où la France entière s'associera aux
habitans de Laval pour rendre hommage à la
mémoire de ce vertueux citoyen.

DUPUYTREN.

-----◦◦◦-----

Il est des hommes qu'on n'a pu voir et entendre sans éprouver un sentiment profond
d'admiration, et qui, par leur incontestable
supériorité, ont fait naître et laissé en nous de
vives impressions. Quand on vient à parler de
ces hommes si remarquables, il arrive souvent
que ceux qui ne les ont pas connus comme
nous, crient à l'exagération, au fanatisme,
soit parce qu'ils ne se sont point trouvés à
même de les suivre, de les étudier, de les apprécier, soit parce qu'il est refusé à certains
esprits de s'impressionner, de sentir avec en-

thousiasme. Imposera-t-on silence à cet instinct qui éveille en nous le besoin de dire ce
qui nous a paru sublime? Non, surtout quand
déjà la vie de ces illustres personnages a été
retracée dans des pages pleines d'éloquence, de
chaleur et de vérité, qui ont pris naissance de
ces mêmes inspirations.

Parmi les hommes célèbres que la France a
perdus depuis quelques années, brillans mé-
téores qui ont répandu de vives et fécondantes
lumières sur la science, il en est un qui excita
surtout notre admiration, et dont la perte ré-
cente a laissé en nous des regrets éternels!

Le cœur se brise alors même que la pensée
cherche, en vous le rappelant, à le replacer
pour ainsi dire vivant devant vous. Quel est cet
homme à la démarche lente et grave, à l'air
pensif et mélancolique, au maintien si noble
et si plein de dignité, au front vaste, à l'œil
d'aigle, à l'accent pénétrant et persuasif? Quel
est cet homme que l'on craint, que l'on veut
regarder et entendre, dont on s'approche avec

curiosité et qu'on écoute avec inquiétude, que l'on contemple avec avidité et qui fait naître en vous un indicible besoin d'admiration, de vénération, d'envie, de regrets, d'espérance? Quel est cette espèce de demi-dieu parmi nous? C'est DUPUYTREN!

Depuis que le grand chirurgien de l'Hôtel-Dieu, l'immortel Dupuytren, nous a quittés, il ne se passe pas un jour sans que des regrets ne lui soient donnés, sans que le souvenir de ses lumières ne soit invoqué, sans que son nom ne se retrouve dans la bouche de chacun, sans qu'il ne soit cité dans la science, à chaque page, à tout moment. Il semble qu'un indéfinissable embarras vous arrête; on se demande avec anxiété pourquoi cette hésitation, pourquoi cette confiance ébranlée, pourquoi cet espoir qui oscille, s'échappe et s'éteint? C'est que Dupuytren n'est plus là, lui, avec la puissance de son regard, de son jugement; avec son infaillible diagnostic et l'influence magnétique de sa parole. Il y a comme une idée de désespoir qui vous saisit en pensant à l'illustre maître. Il est en effet des pertes irréparables, des vides que rien ne peut remplir !

Né à Pierre-Buffière, petite ville de la Haute-Vienne, en 1777, Guillaume Dupuytren fut, à l'âge de trois ans, momentanément enlevé à sa famille. D'une beauté remarquable, il attira l'attention d'une dame riche qui voyageait : privée d'enfant et cédant au désir irrésistible de se donner un fils, elle conçut, en le voyant, le projet qu'elle mit aussitôt à exécution : elle l'emporta. Le père de Dupuytren partit, et rejoignit sur la route de Toulouse celle qui lui ravissait ce trésor et qui ne s'en sépara qu'en donnant des signes de la plus vive douleur. Ce fut là le premier événement d'une vie qui devait être marquée par tant d'autres.

La modeste fortune de son père, avocat au parlement, avait cependant permis que le jeune Dupuytren fût placé au collége de Magnac-Laval, où il commença quelques études. Giraud, son compatriote et aussi chirurgien

de l'Hôtel-Dieu, avait été élevé à ce même
collége. En 1789, alors âgé de douze ans, il
était en vacances à Pierre-Buffière, quand arriva un régiment de cavalerie. Un officier l'a-
perçoit, et, le fixant particulièrement, paraît
frappé de l'expression de sa figure; il lui
adresse quelques questions, auxquelles Dupuytren répond avec vivacité et précision; dès
lors il doit encore être enlevé; mais cette fois
ce sera de sa propre volonté. L'officier lui pro-
pose de l'emmener à Paris; cette offre le trans-
porte de joie, il l'accepte, obtient le consente-
ment de sa famille et quitte Pierre-Buffière, se
livrant avec confiance à un inconnu, mais déjà
le cœur plein d'ardeur et surtout d'espérance.

Le frère de l'officier qui venait de se décla-
rer son protecteur, M. Coësnon, était recteur
au collége de la Marche, rue de la Montagne-
Sainte-Geneviève. A son arrivée à Paris, Dupuytren y fut admis, et trouva en lui un second protecteur. Il ne tarda pas à se faire remarquer par ses heureuses dispositions et son

étonnante application à l'étude. Il remporta
plusieurs prix et se distingua en philosophie.
C'est à ce même collége qu'il vaccina, plus
tard, les enfans de Toussaint-Louverture, qui y
avaient été placés par le premier Consul. Son
goût pour les sciences naturelles le porta surtout à cultiver l'anatomie ; il s'y livra avec
ardeur, ainsi qu'à l'anatomie pathologique et
à la chirurgie. Thouret, directeur de l'École
de Santé qui venait d'être instituée (nivose
an III), contribua, par ses conseils et ses en-
couragemens, à le décider pour la chirurgie,
cette partie si importante de la médecine. Il
l'avait pour ainsi dire deviné ; et quelques années plus tard l'École de Montpellier deman-
dant un professeur à la Faculté de Paris, et
désignant Dupuytren, Thouret put répondre :
« Vous n'êtes pas assez riches à Montpellier
« pour payer un tel homme ! » Tout occupé
de ses difficiles et pénibles études, il ne négli-
gea pas une science qui a fait tant de progrès
depuis, la chimie, et fut préparateur de Bouil-

lon-Lagrange et de Vauquelin. Il habitait une petite chambre au cinquième étage, et supportait avec courage les fatigues du jour et d'une partie des nuits.

En 1795, à peine âgé de dix-huit ans, Dupuytren fut nommé, au concours, prosecteur de l'École de Santé. Il avait quitté le collége et occupait une modeste chambre dans le couvent des Cordeliers, depuis hôpital clinique de la Faculté, lorsqu'il reçut un jour la visite d'un homme qui l'avait remarqué et qui avait conçu la pensée d'en faire un apôtre de sa doctrine, c'était Saint-Simon. Dupuytren travaillait en ce moment dans son lit et bravait ainsi la rigueur du froid. Après un entretien de quelques instans, Saint-Simon se retire. Dupuytren apercevant un objet sur le poële glacé, se lève et y trouve une somme de deux cents francs. Aussitôt il s'habille, rejoint Saint-Simon et lui remet la somme, en l'accusant de distraction. (M. Pariset.)

Corvisart faisait alors ses admirables leçons,

Dupuytren est bientôt distingué par le savant professeur, qui l'appelle à lui pour l'aider dans ses recherches. Il semble se multiplier : à la Salpêtrière, il suit les cours de Pinel; à la Charité, il s'attache à Boyer, son premier maître en anatomie; au jardin des Plantes, assidu aux démonstrations de Cuvier, il se livre à l'anatomie comparée. Le zèle de Dupuytren redouble; doué d'une force de volonté peu commune, il comprend ce qu'il est, il prévoit ce qu'il peut être. Il se livre à l'enseignement, et dans des cours particuliers, sa facile élocution, l'étendue et la variété de ses connaissances, fixent l'attention et attirent la foule.

En 1801, il devient chef des travaux anatomiques; et, profitant de sa position, il porte un œil investigateur dans ces désordres infinis et bizarres de l'organisme, donne l'impulsion aux études d'anatomie pathologique, et forme un nouveau corps de science. En 1802, Dupuytren, riche de faits et d'observations, écrit plusieurs Mémoires qu'il lit à la société de l'École, à laquelle il présente de nombreuses pièces, et dont il devient membre. Dans la même année, un concours est ouvert dans l'église de l'Oratoire; il se présente, et obtient la place de chirurgien en second à l'Hôtel-Dieu; il remplace son compatriote Giraud, envoyé en Hollande comme chirurgien du Roi.

En 1808, il est nommé chirurgien en chef adjoint. En 1812, dans un brillant concours, après avoir lutté contre de puissans athlètes et triomphé avec éclat, Guillaume Dupuytren est proclamé professeur; il monte dans la chaire de médecine opératoire et remplace Sabatier. En 1815, Pelletan, premier chirurgien de l'Hôtel-Dieu, se retire, et Dupuytren devient chirurgien en chef. Nous aimons à rappeler ici que, sur la demande formelle qu'en fit Dupuytren à M. de Barbé-Marbois, le conseil général des hôpitaux conserva à son prédécesseur les appointemens de chirurgien en chef, qu'il conserva jusqu'à sa mort! « Quand on le vit paraître seul, dit M. Pariset, sur les ruines de Pelletan, sur les cendres de Bichat et de Desault, une surprise mêlée d'inquiétude et de défiance s'empara des esprits. Dupuytren n'était pas connu, il va l'être; mais pour entrer avec faveur dans ces imaginations effarouchées, pour les calmer, pour les attirer à lui, il sent qu'il doit adopter un système de conduite tout nouveau et faire ce que nul autre n'avait fait jusque-là. Ce n'était plus la médecine opératoire qu'il allait enseigner, c'était la clinique chirurgicale, c'est-à-dire la partie de la science qui suppose dans qui ose l'exercer, les qualités les plus rares, des sens exquis, une main sûre, prompte, légère, une pitié mâle, un esprit étendu, meublé de faits, profond, sagace, et dans les dangers imprévus, vif et calme, hardi et prudent, plein de ressources et de fermeté. »

Ce fut alors que Dupuytren déploya les moyens infinis qu'il avait en lui. Là commença, se développa et s'établit cette brillante renommée qui retentit dans les deux

mondes. Activité, zèle, attention dans le service et dans l'enseignement, tout en lui fut
admirable.

Dupuytren se rendait à l'Hôtel-Dieu le
matin de fort bonne heure ; long-temps on le
vit y arriver avant le jour : pendant plus de
douze ans il fit une seconde visite le soir. A son
entrée il faisait l'appel des élèves employés
dans son service ; il était sévère, exigeant,
mais toujours dans l'intérêt des malades ;
entouré d'une foule immense, recueillie, avide
d'entendre et de voir, il se montrait ordinairement silencieux et grave ; il ne s'arrêtait pas
à chaque malade, mais aucun ne lui échappait
(on a compté plus de trois cents lits dans son
service). Les arrivans, les nouveaux opérés,
ceux dont l'état réclamait ses soins, étaient
interrogés, examinés, pansés par lui avec une
attention scrupuleuse. Quelques opérations
étaient faites au lit des malades ; les graves
opérations étaient pratiquées dans le grand
amphithéâtre de l'Hôtel-Dieu. Une ou deux

questions adressées au malade lui suffisaient
souvent; si parfois des doutes s'élevaient dans
son esprit, il prolongeait son examen; il com-
mençait toujours à interroger les malades avec
douceur et encouragement; mais il faut le
dire, rarement ils savaient répondre; un en-
tendement méthodique comme le sien semblait
vouloir qu'on le comprît et qu'on y répondît,
c'est ce qui n'arrivait pas. Une remarque de
presque tous les jours, dans les hôpitaux, est
l'opiniâtreté que mettent les malades à cacher
la vérité, aussi Dupuytren disait-il : « La gent
« malade est éminemment menteuse. » Que de
fois l'avons-nous vu s'efforcer d'arracher à ces
malheureux obstinés des aveux qui lui coû-
taient une peine infinie à obtenir; souvent
alors poussé à bout, il s'aigrissait, sa voix
devenait plus élevée, saccadée, sa figure s'ani-
mait; il souffrait visiblement, et tandis qu'il
ne cherchait que la vérité d'où dépendait le
salut des malades, on l'accusait de dureté!

Il était admirable avec les enfans, il les

aimait, les caressait, et se livrait avec eux à une joie naïve quand il les avait soulagés. Peut-être n'avait-il que là de véritable abandon ! peut-être n'avait-il que là de véritable jouissance! Dupuytren connaissait trop bien le cœur humain ; il savait que dans cet âge d'innocence et de candeur on ne rencontre ni l'ingratitude ni l'injustice. Qui pourrait oublier ces scènes touchantes où, après avoir donné la vue à ces pauvres enfans nés aveugles, Dupuytren leur apprenait à regarder! Chacun sait que l'aveugle de naissance qu'une opération vient de mettre en état de voir, ne sait pas regarder, fixer et distinguer les objets ; semblables à ces animaux qui, dans l'obscurité s'assurent au moyen de certains organes de l'état des corps qui les entourent, ceux qui ne savent pas regarder, bien qu'ils soient aptes à cet acte, se servent de leurs bras et de leurs mains pour rectifier par le toucher les erreurs de la vue; Dupuytren, quelque temps après l'opération, donnait chaque jour une

leçon à ces êtres si intéressans ; il laissait
d'abord le petit malade s'assurer par ses mains
de ce qu'il voyait ; mais bientôt il le privait
de ce seul moyen en lui fixant les bras derrière le dos ; il le plaçait ainsi à une extrémité
de la salle et lui à l'autre, les assistans rangés
de chaque côté ; alors il l'engageait à venir à
lui, et, touché de son embarras, il lui disait
avec douceur : « Allons, mon fils, courez
« donc ; » puis lorsque l'enfant savait se diri-
ger et regarder, et qu'il arrivait jusqu'à lui ;
lorsqu'enfin cette éducation de la vue était
achevée, Dupuytren était heureux, car la joie
du maître était aussi naïve que celle de l'élève,
et cette expression si vraie de bonheur avait
quelque chose qui portait à l'attendrissement.

Tout, en Dupuytren, était d'une intelligence supérieure ; mais ce qui tenait du mer-
veilleux était son diagnostic : il faut avoir été
témoin des opérations d'un jugement aussi
prompt et aussi juste pour n'en pas douter. Son
œil vif plongeant en même temps que sa ra-

pide pensée dans la profondeur des organes,
découvrait ce qui était invisible à d'autres.
S'agissait-il d'un abcès profond, obscur, dou-
teux, soumis à une longue et inutile investi-
gation étrangère, Dupuytren apparaissait, et
déjà la maladie était jugée et opérée. Une luxation résistait-elle aux efforts des chirurgiens,
un trait d'intelligence amenait une question
imprévue, foudroyante parfois ; l'attention du
malade était distraite, les puissances physiques
étaient vaincues par l'influence morale, les
forces musculaires cédaient, et la luxation était
réduite. « Vous vous adonnez à la boisson,
« madame, je le sais ; votre fils me l'a dit ; »
paroles terribles adressées par Dupuytren à
une femme sobre et décente, dans l'impossibi-
lité où il se trouve de remettre son bras luxé ;
attérée par cette apostrophe, elle va s'éva-
nouir, mais le bras est replacé ! « Remettez-
« vous, madame, vous êtes guérie ; je sais que
« vous ne buvez que de l'eau ; c'est encore vo-
« tre fils qui me l'a dit. » Nous regrettons de

ne pouvoir entrer ici dans de plus longs détails, et citer encore des exemples de cette étonnante faculté qui ne s'est jamais affaiblie. La langueur même des derniers momens de Dupuytren n'avait ni émoussé cette finesse, ni ralenti cette promptitude. Un jeune homme avait été blessé depuis quelque temps; la veille de la mort de Dupuytren on l'introduit dans sa chambre; une luxation du coude existe, elle a été méconnue d'un habile chirurgien, Dupuytren mourant la reconnaît d'un regard. (M. Pariset.)

Cependant, avec la plus admirable lucidité, des causes imprévues peuvent amener parfois des effets inattendus, terribles. Dupuytren, soumis à la loi commune des événemens, s'est vu rarement, il faut le dire, surpris et malheureux, mais toujours calme, sa présence d'esprit savait pourvoir à tout, arrêter les accidens, les faire servir même au salut du malade; et dans ces mécomptes ou ces revers que nulle puissance humaine ne saurait empêcher, on l'a vu se montrer sublime et laisser dans l'esprit des auditeurs des préceptes ineffaçables.

Pendant la visite, l'esprit de Dupuytren avait amassé les matériaux qui allaient servir à une brillante leçon, et ces mots seuls : « Mar-« quez ce numéro, » répétés plusieurs fois dans le cours de la visite, indiquaient quels étaient les malades dont il devait entretenir son auditoire. En quittant les salles, il entrait à l'amphithéâtre, où la foule l'attendait ; et là, empressés comme au lit des malades, les élèves, les médecins, les professeurs, les célébrités étrangères, venaient s'asseoir et se former à l'école du grand maître. Il exposait avec clarté l'histoire de quelques maladies. Sa voix, basse d'abord, puis s'élevant graduellement, devenait sonore, entraînante ; mais lorsqu'il venait à annoncer une de ces opérations graves et difficiles, la majesté paraissait assise sur son front ; il y avait alors en lui quelque chose qui semblait d'une nature surhumaine ! Il faisait

ordinairement chaque jour plusieurs opérations, dans lesquelles il apportait un sang-froid
si imperturbable, qu'il expliquait, en la prati-
quant, chaque temps de l'opération; et comme
il voulait que chacun pût voir, il n'hésitait
pas à prendre des positions souvent gênantes
pour lui, et qui le privaient de cette grâce à
laquelle les chirurgiens attachent quelque mérite et beaucoup trop d'importance.

Dupuytren se montra chirurgien éminemment consciencieux. On a avancé qu'il opérait
beaucoup, qu'il opérait trop souvent. Ceci est
inexact: Dupuytren fut toujours sobre d'opérations, et l'on a dit avec raison qu'en mon-
trant aux élèves toutes les routes que son esprit avait battues pour arriver à la vérité, il
était persuadé qu'il les servait mieux en leur
enseignant des opérations intellectuelles, que
des opérations de la main.

Après avoir consacré quatre heures au moins
au soulagement des malades, à l'instruction
des élèves, il ne quittait pas encore l'amphi-

théâtre. Une foule de malades venus de la ville, des campagnes, des provinces, attendaient avec impatience ses avis. Pendant une ou deux heures, chaque jour, un grand nombre de ces malheureux étaient examinés et opérés par lui, et recevaient ses conseils : c'était la consultation gratuite. « Ces consultations sont une des institutions qui font le plus d'honneur et qui rendent le plus de services à l'humanité : par elles, les classes les plus pauvres de la société se trouvent élevées au niveau des plus riches, et reçoivent, malgré leur indigence, les mêmes conseils que l'exigeante opulence. Nous avons souvent vu Dupuytren se lever pour aller au-devant de ces malheureux ; et, par une louable prévenance, leur réserver à la fin de ces consultations publiques un moment d'entretien duquel la foule des élèves était écartée. »

« Jamais un devoir particulier n'a pu détourner Dupuytren de son service à l'hôpital, et il est sans exemple qu'il ait pris sur les pauvres le temps que les riches réclamaient de lui » (Marx).

Pendant cette consultation il était encore entouré de nombreux élèves qui recueillaient avidement ses paroles et ses prescriptions. Enfin arrivait le moment où il quittait l'Hôtel-Dieu; on le voyait toujours le même, toujours grave et mélancolique, déposer le tablier, recevoir son chapeau des mains de l'infirmier, prendre le petit pain remis chaque matin, de temps immémorial, au chirurgien, le placer sous son bras, et regagner lentement sa demeure de la place du Louvre, en traversant les quais et le Pont-Neuf, vêtu d'un simple et fort modeste habit vert, quelque temps qu'il fît, souvent accompagné par quelques jeunes médecins, qu'il continuait d'entretenir de ce qui avait fixé le plus particulièrement leur attention, ou écoutant ceux qui avaient quelques malades de la ville à lui recommander. Ainsi il avait déjà donné la moitié de la journée aux pauvres malades! Le reste du jour était employé, soit à l'École de Médecine, soit au sein des sociétés savantes dont il était membre; à sa correspondance médicale, à ses consultations particulières, à son immense clientelle. Chacun peut comprendre maintenant si Dupuytren a consacré sa vie à l'humanité, si Dupuytren a été un homme vraiment utile!

Quelques personnes pensent que Dupuytren a peu écrit, c'est sans doute parce qu'il n'a pas laissé d'énormes volumes; mais doit-on compter pour rien tous ses mémoires, ses savantes et éloquentes leçons orales de chaque jour, sur des sujets si variés; leçons qui, recueillies par ses élèves ou les rédacteurs de journaux scientifiques, ont produit des pages aussi brillantes que nombreuses, où l'on retrouve non seulement l'esprit, les préceptes du maître, mais encore ses expressions, nous dirons presque sa touche, pour ne pas dire son style?

Nous ne pouvons pas parler avec détail des travaux de Dupuytren, et sans rappeler tous les procédés qu'il a mis en usage, tous les instrumens qu'il a inventés, perfectionnés;

nous citerons seulement les parties de la science qui ont fixé le plus particulièrement son attention. Les OEuvres de Sabatier, augmentées d'un volume, ont reçu une nouvelle édition, faite par ses soins et sous ses yeux. Il a écrit sur l'anatomie, la physiologie, l'anatomie pathologique, la chirurgie, l'hygiène, la médecine. Il a retracé avec éloquence la vie de Corvisart, de Pinel, de Richard. Dupuytren est l'auteur d'une brochure fort rare aujourd'hui, et presque oubliée, qui fit sensation à l'époque où elle parut, autant par l'énergie du style que par la peinture de la scène sanglante du 14 février 1820. Elle a pour titre : *Déposition faite le 25 mars 1820, à la Chambre des Pairs, sur les événemens de la nuit du 13 au 14 février.*

La vie de Dupuytren a été courte, mais elle a été remplie de continuelles actions de bien. Aux époques remarquables, dans ces luttes sanglantes qui bouleversent les empires, pendant ces crises violentes des fièvres populaires, à l'apparition effrayante de ces fléaux destructeurs, toujours on le vit à son poste, toujours sa première pensée fut à l'humanité, à la science, sans distinction de personnes, de rangs ou d'opinions : c'est ainsi qu'en 1814, 1830, 1832, son infatigable activité, ses soins généreux, son courageux dévouement, furent au-dessus de tout éloge, et resteront gravés au souvenir des hommes, dans quelque opinion qu'on demeure, comme un monument impérissable de sa gloire!

Nous ne réfuterons point tout ce qui a été indiscrètement et trop légèrement avancé sur son caractère, ses habitudes, certaines particularités de sa vie. La vie privée doit être murée! Quiconque ose y jeter un regard profane est coupable, et mériterait le châtiment des hommes, si la honte et le remords n'arrivaient tôt ou tard à sa conscience en défaut! Nous ne découvrirons pas les cicatrices des blessures long-temps saignantes, que l'envie et l'inimitié faisaient lâchement à sa réputation.

Dupuytren a fait le bien dans l'ombre, en silence; il a secouru la souffrance, consolé le malheur, relevé l'infortune; craignons de troubler sa cendre en soulevant ici le voile qui couvre tant de généreuses actions! Ceux-là qui furent l'objet de sa sollicitude, de son désintéressement, de sa libéralité, savent assez quel soin il prenait de cacher la main qui répandait sa mystérieuse bienfaisance.

Dupuytren était professeur à la Faculté de Médecine de Paris, chirurgien en chef de l'Hôtel-Dieu, membre de l'Institut et de l'Académie de Médecine. Il avait fait partie du conseil de salubrité, et avait été inspecteur général de l'Université. Premier chirurgien de deux rois, il avait été créé baron, officier de la Légion-d'Honneur, chevalier des ordres de Saint-Michel et de Saint-Wladimir de Russie. Il était recherché et honoré dans la société la plus élevée et la plus brillante. Son nom est devenu célèbre, non seulement dans l'Europe, mais dans les deux mondes.

Possesseur d'une grande fortune, qu'il ne devait qu'à lui-même, Dupuytren s'est montré parfois généreux et désintéressé outre mesure. Un fait suffit pour prouver sa reconnaissance. Déchu et dans l'exil, Charles X, dont il avait été le premier chirurgien, se voit pendant quelque temps réduit à un état voisin de la gêne; au temps de sa puissance il a été le bienfaiteur de Dupuytren, au temps des revers celui-ci s'en souvient : il met une partie de sa fortune à la disposition de l'exilé, qui l'accepte, et déjà Dupuytren se dispose à envoyer un million, lorsqu'une lettre lui apporte des remercîmens, des expressions de reconnaissance, et l'assurance d'un état moins précaire! Nous ne dirons pas à qui des deux ce trait fait le plus d'honneur, mais assurément il en fait à l'un et à l'autre!

Parmi les legs que Dupuytren a faits, et dont il ne nous appartient pas de parler, il en est un qui prouve son attachement à la Faculté et à ses élèves. Il a laissé à l'École de Médecine

de Paris deux cent mille francs pour la fonda-
tion d'une chaire et d'un cabinet d'anatomie
pathologique, en confiant à M. Orfila le soin
de veiller à cette exécution. C'est à M. Pignier,
son neveu, qu'il a légué sa bibliothèque, et à
M. le docteur Marx, son élève et son ami, ses
instrumens et ses manuscrits.

Ce fut en 1833, au mois de novembre, que
Dupuytren ressentit sur le Pont-Neuf, en allant
à l'Hôtel-Dieu, la première atteinte de sa maladie; il s'y rendit cependant, et voulut faire
son service. De retour chez lui, et reconnais-
sant les symptômes d'une légère apoplexie, il
se fit pratiquer une saignée, et céda quelques
jours après aux instances de ses amis, qui lui
conseillaient de prendre du repos et d'aller en
Italie. « Ce voyage, dit M. Pariset, fut pour
lui comme un long triomphe que sa renommée
lui avait préparé. » Bientôt son état s'amé-
liora; mais sous le beau ciel de Naples et de
Rome, entouré de sa famille, qui l'avait accompagné, et qu'il chérissait, une idée le préoc-

cupait ; sa pensée le ramenait sans cesse à l'Hôtel-Dieu. Il voulut revenir ; il voulut se retrouver au milieu de ses malades, de ses élèves ; il revint en effet. Il reparut à l'Hôtel-Dieu, à l'École de Médecine, et cette grande lumière de la chirurgie lança encore quelques rayons ; un dernier coup vint la frapper ; ébranlée, elle lutta de nouveau ; mais, épuisée, elle s'éteignit le 8 février 1835, à trois heures du matin !

Par une volonté dernière, M. Dupuytren avait légué son corps à MM. Broussais et Cruveilher, l'ouverture faite sous leurs yeux a démontré qu'il avait succombé à un épanchement de sérosité dans le côté droit de la poitrine. On a retrouvé dans le cerveau la trace de trois foyers apoplectiques. Le procès-verbal de l'autopsie a été rédigé par le savant professeur Bouillaud.

FIN.